Johann Peter Hebel

Alemannische Gedichte
Mit Bildern von Ruth Werenfels-Geymüller

Meinem Enkelkind Benjamin gewidmet

© 1993   Buchverlag Basler Zeitung
Satz und Druck: Basler Zeitung, 4002 Basel
Lithos: F.B. Scan Studio, 4051 Basel
Veredelung: Karl Meyer & Co. AG, 4123 Allschwil
Einband: Grollimund AG, 4153 Reinach
Gestaltung: Hans Bill

ISBN 3-85815-256-0

Johann Peter Hebel
Alemannische Gedichte
Mit Bildern von
Ruth Werenfels-Geymüller

Buchverlag Basler Zeitung

Freude in Ehren

Ne Gsang in Ehre
wer wills verwehre?
Singt 's Thierli nit in Hurst und Nast,
der Engel nit im Sterneglast?
e freie frohe Muth,
e gsund und frölich Blut
goht über Geld und Gut.

Ne Trunk in Ehre
wer wills verwehre?
Trinkt 's Blüemli nit si Morgethau?
Trinkt nit der Vogt si Schöppli au?
Am Werchtig hemmer gschafft,
drum bringt der Rebesaft
am Sunntig neui Chraft.

Ne Chuss in Ehre
wer wills verwehre?
Chüsst 's Blüemli nit si Schwesterli,
und 's Sternli chüsst si Nöchberli?
In Ehre, hani gseit,
und in der Unschuld G'leit,
mit Zucht und Sittsemkeit.

Ne freudig Stündli
ischs nit e Fündli?
Iez hemmers und iez simmer do;
es chunnt e Zit, würds anders goh.
's währt alles churzi Zit,
der Chilchhof isch nit wit.
Wer weiss, wer bal dört lit?

Wenn d'Glocke schalle,
wer hilftis alle?
O gebis Gott e sanfte Tod!
e rüeihig Gwisse gebis Gott,
wenn d'Sunn am Himmel lacht,
wenn alles blizt und chracht,
und in der lezte Nacht!

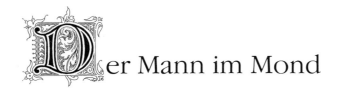

Der Mann im Mond

«Lueg, Müetterli, was isch im Mo'?»
He, siehsch s denn nit, e Ma!
«Jo wegerli, i sieh en scho,
«Er het e Tschöpli a.

«Was tribt er denn die ganzi Nacht,
«er rüehret jo kei Glied?»
He, siehsch nit, aß er Welle macht?
«Jo, ebe dreiht er d'Wied.

«Wär ich wie er, i blieb dehei'
«und machti d'Welle do.»
He, isch er denn us üser Gmei?
Mer hen scho gnug eso.

Und meinsch, er chönn so, wiener well?
Es wird em, was em g'hört;
Er gieng wol gern – der sufer Gsell
muess schellewerche dört.

«Was het er bosget, Müetterli?
«Wer het en bannt dörthi?»
Me het em gseit der *Dieterli,*
e Nütznutz isch er gsi.

Ufs Bete het er nit viel gha,
ufs Schaffen o nit viel,
und öbbis muess me triebe ha,
sust het me langi Wil.

Drum, het en öbbe nit der Vogt
zur Strof ins Hüsli gspert,
sen isch er ebe z'Chander g'hockt,
und het d'Butelli g'lert.

«Je, Müetterli, wer het em 's Geld
«zu so'me Lebe ge?»
Du Närsch, er het in Hus und Feld
scho selber wüsse z'neh.

Ne mol, es isch e Sunntig gsi,
so stoht er uf vor Tag,
er nimmt e Beil, und tummlet si
und lauft in Lieler Schlag.

Er haut die schönste Büechli um,
macht Bohnestecke drus,
und treit sie furt und luegt nit um,
und isch scho fast am Hus.

Und ebe goht er übere Steg,
se ruuscht em öbbis für:
«Iez Dieter gohts en andere Weg!
«Iez Dieter chumm mit mir!»

Und uf und furt, und sieder isch
kei Dieter wit und breit.
Dört obe stoht er im Gibüsch
und in der Einsamkeit.

Iez haut er iungi Büechli um,
iez chuchet er in d'Händ,
iez dreiht er d'Wied, und leit sie drum,
und 's Sufe het en End.

So gohts im arme Dieterli;
er isch e gstrofte Ma!
«O bhütis Gott, lieb Müetterli,
«i möchts nit mittem ha!»

Se hüet di vorem böse Ding,
's bringt numme Weh und Ach!
Am Sunntig rueih und bet und sing.
Am Werchtig schaff di Sach.

Die Marktweiber in der Stadt

I chumm do us 's Rothshere Hus,
's isch wohr, 's sieht proper us;
doch ischs mer, sie heigen o Müeih und Noth
und allerlei schweri Gidanke,
   «Chromet süssen Anke!»
wies eben überal goht.

Jo weger, me meint in der Stadt
seig alles sufer und glatt;
die Here sehn eim so lustig us,
und 's Chrütz isch ebe durane,
   «Chromet iungi Hahne!»
mengmol im pröperste Hus.

Und wemme gchämpft muss ha
gohts, mein i, ehnder no a
im Freie dusse, wo d'Sunn o lacht;
do innen ischs zum Bitrüebe,
   «Chromet geli Rüebe!»
Sie hen schier alliwil Nacht.

Früeih, wenn der Tag verwacht,
was ischs nit für e Pracht!
Der lieb Gott, meintme, well selber cho,
er seig scho an der Chrischone[1]
   «Chromet grüni Bohne!»
und chömm iez enanderno.

Und d'Vögeli meines o,
sie werde so busper und froh,
und singe: «Herr Gott dich loben wir»
und 's glitzeret ebe z'send ane;
   «Chromet iungi Hahne!»
's isch wohr, me verlueget si schier.

Und fasst e frische Muth,
und denkt: Gott meints io gut,
sust hätt der Himmel kei Morgeroth;
er willis nummen o üebe;
   «Chromet geli Rüebe!»
mer bruche ke Zuckerbrod.

◁ Basel, Marktplatz   9

Und innewendig am Thor
se hen sie d'Umhäng no vor,
's isch ebe no alles still und tod.
Und ziehn sie der Umhang fürsi,
«Chromet schwarzi Chirsi!»
se sehn sie kei Morgeroth.

Drum merke sies selber schier
und chömme zum Pläsir
ufs Land, und hole ne frische Muth
im Adler und bym Schwane;
«Chromet iungi Hahne!»
üs stünd io d'Stadt wol gut!

Und doch meint me so ne Her,
er seig weiss Wunder mehr,
ass üser gattigs und bschaut ein nit,
es dunkt mi aber, er ir si;
«Chromet süssi Chirsi!»
mer tuuschte wegerli nit.

Rich sin si, 's isch kei Frog,
's Geld het nit Platz im Trog;
thut üser eim e Büessli weh,
Verbause sie Dublone,
«Chromet grüni Bohne!»
und hen no allewil meh.

Was chost en Immis nit?
's heisst numme: Mul, was witt?
Pastetli, Strübli, Fleisch und Fisch,
und Törtli und Makrone;
«Chromet grüni Bohne!»
der Platz fehlt uffem Tisch.

Und erst der Staat am Lib!
me cha's nit seh vor Chib.
Jo wedelet numme, d'Stross isch breit,
Mit eue Junten! I thätich –
«Chromet zarti Retich!»
i hätt schier gar näumis gseit.

Doch isch eim 's Herz bitrübt,
se gib em, was em bliebt,
es schmekt em nit und freut en nit;
es goht eim wie de Chranke;
«Chromet süssen Anke!»
Was thut me denn dermit?

Und het me Chrütz und Harm,
sen isch me ringer arm;
me het nit viel, und brucht nit viel,
und isch doch sicher vor Diebe;
«Chromet geli Rüebe!»
z'lezt chunnt men o zum Ziel.

Jo gell, wenns Stündli schlacht?
He io, 's bringt iedi Nacht
e Morgen, und me freut si druf.
Gott het im Himmel Chrone;
«Chromet grüni Bohne!»
Mer wen do das Gässli uf.

¹) Alte Kirche auf einem Bergrücken.

as Gewitter

Der Vogel schwankt so tief und still,
er weiß nit, woner ane will.
Es chunnt so schwarz, und chunnt so schwer,
und in de Lüfte hangt e Meer
voll Dunst und Wetter. Los, wie's schallt
am Blauen, und wie's wiederhallt.

In große Wirble fliegt der Staub
zum Himmel uf, mit Halm und Laub,
und lueg mer dört sel Wülkli a!
I ha ke große G'falle dra,
lueg, wie mers usenander rupft,
wie üser eis, wenns Wulle zupft.

Se helfis Gott, und bhüetis Gott!
Wie zuckts dur's G'wülch so füürigroth
und 's chracht und stoßt, es isch e Gruus,
aß d'Fenster zitteren und 's Hus,
Lueg 's Büebli in der Waglen a!
Es schloft und nimmt si nüt drum a.

Sie lüte z'Schlienge druf und druf,
ie, und 's hört ebe doch nit uf.
Sel bruucht me gar, wenns dundre soll
und 's lütet eim no d'Ohre voll. –
O, helfis Gott! – Es isch e Schlag!
Dört, siehst im Baum am Gartehag?

Lueg, 's Büebli schloft no allewil
und us dem Dundre machts nit viel.
Es denkt: «Das ficht mi wenig a,
er wird io d'Auge bynem ha.»
Es schnüfelet, es dreiht si hott
ufs ander Örhli. Gunn ders Gott!

O, siehsch die helle Streife dört?
O los! hesch nit das Raßle g'hört?
Es chunnt. Gott wellis gnädig sy!
Göhnt weidli, hänket d'Läden i!
's isch wieder akurat wie fern.
Gut Nacht, du schöni Weizen-Ern.

Es schettert uffem Chilche-Dach;
und vorem Hus, wie gäutscht's im Bach
und loßt nit no – dass Gott erbarm.
Iez simmer wieder alli arm. –
Zwor hemmer au scho gmeint, 's seig so,
und doch isch's wieder besser cho.

Lueg, 's Büebli schloft no allewil,
und us dem Hagle machts nit viel!
Es denkt: «Vom Briegge loßt's nit no,
er wird mi Theil scho übrig lo.»
He io, 's het au, so lang i's ha,
zu rechter Zit si Sächli gha.

O gebis Gott e Chindersinn!
's isch große Trost und Sege drinn.
Sie schlofe wohl und traue Gott,
wenns Spieß und Nägel regne wott,
und er macht au si Sprüchli wohr
mit sinen Englen in der G'fohr. –

Wo isch das Wetter ane cho?
D'Sunn stoht am heitren Himmel do.
's isch schier gar z'spot, doch grüeß di Gott!
He, seit sie, «nei, 's isch no nit z'spot,
es stoht no menge Halm im Bah'
und menge Baum, und Öpfel dra.» –

Potz tausig, 's Chind isch au verwacht,
Lueg, was es für e Schnüfli macht!
Es lächelt, es weiß nüt dervo.
Siehsch, Friderli, wie's ussieht do? –
Der Schelm het no si G'falle dra.
Gang, richt em eis si Päppli a! –

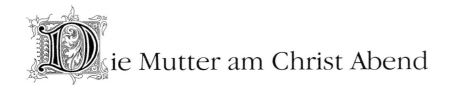ie Mutter am Christ Abend

Er schloft, er schloft! Do lit er wie ne Grof!
Du lieben Engel, was i bitt,
by Lib und Lebe verwach mer nit,
Gott gits den Siinen im Schlof!

Verwach mer nit, verwach mer nit!
Di Mutter goht mit stillem Tritt,
sie goht mit zartem Mutter-Sinn,
und holt e Baum im Chämmerli d'inn.

Was henki der denn dra?
Ne schöne Lebchueche-Ma;
ne Gitzeli, ne Mummeli
und Blüemli wiiss und roth und gel,
alles vo süessem Zucker-Mehl.

's isch gnueg, du Mutter-Herz
viel Süess macht numme Schmerz!
Gib's sparsem, wie der liebi Gott,
er helset nit alli Tag Zucker-Brod.

Iez Rümmechrüsliger her,
die allerschönste, woni ha
's isch nummen au kei Möseli dra!
Wer het sie schöner, wer?

's isch wohr, es isch e Pracht,
Was so en Oepfel lacht;
und isch der Zucker-Beck e Ma
se mach er so ein, wenn er cha!
Der lieb Gott het en gmacht.

Was hani echt no meh?
Ne Fazenetli wiiss und roth,
Und das eis vo de schöne,
O Chind, vor bittre Thräne
biwahr di Gott, biwahr di Gott!

Und was isch meh do inn?
ne Büechli, Chind! 's isch au no di,

i leg der schöni Helgeli dri,
und schöni Gibetli sin selber drinn.

Iez chönnti, traui, goh;
es fehlt nüt mehr zum Gute –
Potz tausig, no ne Ruthe!
Do isch sie scho, do isch sie scho!

's cha sy, sie freut di nit,
's cha sy, sie haut der 's Vüdeli wund;
doch witt nit anderst, sen ischs gsund,
de muesch nit, wenn d' nit witt.

Und willschs nit anderst ha,
in Gottis Name seig es drum!
Doch Muetter-Liebi isch zart und frumm,
sie windet rothi Bendeli dri,
und macht e Letschli dra.

Iez wär er usstaffirt
und wie ne May-Baum ziert,
und wenn bis früeih der Tag verwacht,
het 's Wiehnechtchindli alles gmacht.

De nimmschs und danksch mers nit
Drum weisch nit, wer ders git
Doch machts der numme ne frohe Muth,
und schmekts der numme, sen ischs scho
   gut.

Bym Bluest, der Wächter rüeft
scho Ölfi! Wie doch d' Zit verrinnt,
und wie me si vertieft,
wenn 's Herz au näumis Nahrig find!

Iez Bhüt di Gott der Her!
en anderi Cheri mehr!
Der heilig Christ isch hinecht cho,
het Chindes Fleisch und Blut a'gno;
Wärsch au so brav, wie er!

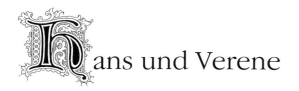ans und Verene

Es gfallt mer nummen eini,
und selli gfallt mer gwis!
O wenni doch das Meidli hätt,
es isch so flink und dundersnett,
   so dundersnett,
i wär im Paradies!

's isch wohr, das Meidli gfallt mer,
und 's Meidli hätt i gern!
's het alliwil e frohe Mueth,
e Gsichtli hets, wie Milch und Bluet,
   wie Milch und Bluet,
und Auge wie ne Stern.

Und wenni 's sieh vo witem,
se schiesst mer 's Bluet ins Gsicht;
es wird mer übers Herz so chnapp,
und 's Wasser lauft mer d'Backen ab,
   wohl d'Backen ab;
i weiss nit, wie mer gschicht.

Am Zistig früeih bym Brunne
se redt's mi frey no a:
«Chumm, lüpf mer Hans! Was fehlt der echt?
«Es isch der näume gar nit recht,
   nei gar nit recht!»
I denk mi Lebtig dra.

I ha's em solle sage,
und hätti's numme gseit!
Und wenni numme richer wär,
und wär mer nit mi Herz so schwer,
   mi Herz so schwer,
's gäb wieder Glegeheit.

Und uf und furt, iez gangi,
's würd iäten im Salat,
und sag em's, wenni näume cha,
und luegt es mi nit fründli a,
   nit fründli a,
se bini morn Saldat.

En arme Kerli bini,
arm bini sel isch wohr!
Doch hani no nüt Unrechts tho,
und sufer gwachse wäri io,
   das wäri io,
mit sellem hätts kei Gfohr.

Was wisplet in de Hürste,
was rüehrt si echterst dört?
es visperlet, es ruuscht im Laub.
O bhüetis Gott der Her, i glaub
   iglaub, iglaub,
es het mi näumer ghört.

«Do bini io, do hesch mi,
«und wenn de mi denn witt!
«I ha's scho sieder'm Spöthlig gmerkt;
«am Zistig hesch mi völlig bstärkt,
   io, völlig bstärkt.
«Und worum seisch's denn nit?

«Und bisch nit rich an Gülte,
«und bisch nit rich an Gold,
«en ehrli Gmüeth isch über Geld,
«und schaffe chasch in Hus und Feld,
   in Hus und Feld,
«und lueg, i bi der hold!»

O Vreneli, was seisch mer,
O Vreneli ischs so?
De hesch mi us em Fegfüür gholt,
und länger hätti's nümme tolt,
   nei, nümme tolt.
Jo, friili willi, io!

Der Winter

Isch echt do obe Bauwele feil?
Sie schütten eim e redli Theil
in d'Gärten aben und ufs Hus;
es schneit doch au, es isch e Gruus;
und 's hangt no menge Wage voll
am Himmel obe, merki wol.

Und wo ne Ma vo witem lauft,
so het er vo der Bauwele gchauft;
er treit sie uf der Achsle no,
und uffem Hut und lauft dervo.
Was laufsch denn so, du närsche Ma?
De wirsch sie doch nit gstohle ha?

Und Gärten ab, und Gärten uf
hen alli Scheie Chäpli uf;
sie stöhn wie grossi Here do;
sie meine 's heigs sust niemes so.
Der Nussbaum het doch au si Sach,
und 's Here Hus und 's Chilche-Dach.

Und wo me luegt, isch Schnee und Schnee,
me sieht kei Stross und Fuss-Weg meh.
Meng Some-Chörnli, chlei und zart,
lit unterm Bode wohl verwahrt,
und schnei's, so lang es schneie mag,
es wartet uf si Ostertag.

Meng Summer-Vögeli schöner Art
lit underm Bode wohl verwahrt;
es het kei Chummer und kei Chlag,
und wartet uf si Ostertag;
und gangs au lang, er chunnt emol,
und sieder schlofts, und 's isch em wohl.

Und wenn im Frühlig 's Schwälmli singt,
und d'Sunne-Wärmi abe dringt,
Potz tausig wachts in iedem Grab,
und streift si Todte-Hemdli ab.
Wo nummen au e Löchli isch,
schlieft 's Leben use iung und frisch. —

Do fliegt e hungerig Spätzli her!
e Brösli Brod wär si Bigehr.
Es luegt ein so verbärmtli a;
's het sieder nechte nüt meh gha.
Gell Bürstli, sel isch anderi Zit,
wenn's Chorn in alle Fure lit?

Do hesch! Loss andern au dervo!
Bisch hungerig, chasch wieder cho! —
's muss wohr sy, wie's e Sprüchli git:
«Sie seihe nit, und ernde nit;
«sie hen kei Pflug, und hen kei Joch,
«und Gott im Himmel nährt sie doch.»

Wächterruf

Loset, was i euch will sage!
D'Glocke het *Zehni* gschlage.
  Iez betet, und iez göhnt ins Bett,
  und wer e rüeihig Gwisse het,
  schlof sanft und wohl! Im Himmel wacht
  e heiter Aug die ganzi Nacht.

Loset, was i euch will sage!
D'Glocke het *Ölfi* gschlage.
  Und wer no an der Arbet schwitzt,
  und wer no by de Charte sizt,
  dem bieti iez zum leztemol.
  's isch hochi Zit! Und schlofet wohl!

Loset, was i euch will sage!
D'Glocke het *Zwölfi* gschlage.
  Und wo no in der Mitternacht
  e Gmüeth in Schmerz und Chummer
    wacht,
  se geb der Gott e rüeihigi Stund,
  und mach di wieder froh und gsund!

Loset, was i euch will sage!
D'Glocke het *Eis* gschlage.
  Und wo mit Satans G'heiss und Roth,
  e Dieb uf dunkle Pfade goht,
  – i wills nit hoffe, aber gschieht's –
  Gang heim! Der himmlisch Richter sieht's.

Loset, was i euch will sage!
D'Glocke het *Zwey* gschlage.
  Und wem scho wieder, eb's no tagt,
  die schweri Sorg am Herze nagt,
  du arme Tropf, di Schlof isch hi'!
  Gott sorgt! Es wär nit nöthig gsi.

Loset, was i euch will sage!
D'Glocke het *Drü* gschlage.
  Die Morgestund am Himmel schwebt,
  und wer im Friede der Tag erlebt,
  dank Gott, und fass e frohe Mueth,
  und gang ans Gschäft, und – halt di guet!

Der Storch

nach dem Frieden

Willkumm, Herr Storch! bisch au scho do,
und schmecksch im Weiher d'Frösche scho?
Und meinsch, der Winter heig si Sach,
und 's besser Wetter chömm alsgmach?

He io, der Schnee gieng überal;
me meint, es werd scho grün im Thal.
Der Himmel isch so rein und blau,
und 's weiht ein a so mild und lau. –

Nei loset, wiener welsche cha!
Verstoht men au e Wörtli dra?
Drum chunnt er über Strom und Meer
us wite fremde Ländere her.

Was bringsch denn Neu's us Afrika?
Sie hen gwis au so Umständ gha,
und d'Büchse gspannt, und d'Säbel gwezt,
und Freiheits-Bäum vor d'Chilche gsezt?

De hesch so rothi Strümpfli a.
Isch öbbe Bluet vom Schlachtfeld dra?
Wo hesch die schwarze Fegge gno?
Bisch öbbe z'nooch an d'Flamme cho?

Um das hättsch über Land und Meer
nit reise dörfe hi und her
vom Rhi-Strom bis in Afrika;
de hättschs io in der Nööchi gha.

Mer wüsse leider au dervo,
und mengi Wunde blutet no,
und 's drukt no menge Chummer schwer,
und menge schöne Trog isch leer.

Und witer an den Alpe hi
isch's, Gott erbarms, no ärger gsi,
und Weh und Ach het usem Wald
und us de Berge widerhallt.

Ans Wilhelm Telle Freiheits-Hut
hangt menge Tropfe Schwitzerblut.
Wie hets nit ummen blizt und g'chracht
und dunderet in der Wetter-Nacht!

Doch öbben in der Wetter-Nacht
het Gottis Engel au no gwacht –
Was peppersch? Mer verstöhn di nit!
Schwetz dütli, wenn de rede witt!

Gang, hol ein 's Becke Chasperli!
Er isch e Rung im Welschland gsi;
er het emol go Vivis gschmekt,
und wie der Storch si Schnabel g'strekt.

Und welsche chaner, 's isch e Gruus;
es blibt ke Wentelen im Hus,
und 's Glas stoht an de Fenstern ab;
wer weiss, verstoht er *Chlip* und *Chlap!*

Zwor würd' er anderi Gschäfte ha;
er martschet näume, wenn er cha.
«Jez *Chrütz im Baum,* und Sakertie!
«ne Mos verspielt! Potz Mundie!» –

's isch gnug, Her Storch! Mer wüsses scho,
und was de seisch, mer glaubes io
Es freut di au, ass 's Dorf no stoht,
und alles gsund isch, dank der Gott!

's isch au nit alles grad und recht,
und 's Nochbers Chind isch sölli schlecht;
mi Gschwey het hinecht bynem gwacht,
's het Gichter gha die ganzi Nacht.

Sust möchts, gottlob, so ziemli go,
und 's Feld-Picket isch nümme do;
wo Lager gsi sin Zelt an Zelt,
goht iez der Pflug im Ackerfeld.

Und der, wo d'Storche heisset cho,
und d' Rabe nährt, isch au no do,
Er schafft den Arme Brod ins Hus
und heilt die alte Presten us.

Und wo me luegt und luege cha,
se lächlet eim der Frieden a,
wie Morgeliecht, wenn d'Nacht vergoht,
und d'Sunne hinter de Tanne stoht.

Gang lueg e wenig d'Gegnig a!
I glaub, de wirsch e Gfalle ha.
Mi Matten isch der wohl bikannt
am Brunnen abe linker Hand.

Und triffsch am Bach e Fröschli a,
sen isch's der gunnt. Verstick nit dra!
Und, was i bitt, loss d'Imme goh!
Mi Grosse seit, sie fliege scho.

Das Hexlein

Und woni uffem Schnid-Stuhl sitz
Für Basseltang, und Liechtspöh schnitz,
se chunnt e Hexli wohlgimuth,
und frogt no frey: «Haut's Messer gut?»

Und seit mer frey no Gute Tag!
und woni lueg, und woni sag:
«'s chönnt besser go, und Große Dank!»
se wird mer's Herz uf eimol chrank.

Und uf, und furt enanderno,
und woni lueg, ischs nümme do,
und woni rüef: «Du Hexli he!»
se gits mer scho kei Antwort meh.

Und sieder schmekt mer 's Esse nit;
stell umme, was de hesch und witt,
und wenn en andre schlofe cha,
se höri alli Stunde schla.

Und was i schaff, das g'rothet nit,
und alli Schritt und alli Tritt,
se chunnt mer ebe das Hexli für,
und was i schwetz, isch hinterfür.

's isch wohr, es het e Gsichtli gha,
's verluegti si en Engel dra;
und 's seit mit some freie Muth,
so lieb und süß: «Haut 's Messer gut?»

Und leider hani's ghört und gseh,
und sellemols und nümme meh;
dört ischs an Hag und Hurst verbey,
und witers über Stock und Stei.

Wer spöchtet mer mi Hexli us,
wer zeigt mer siner Mutter Hus?
I lauf no, was i laufe cha,
wer weiß, se triffi's doch no a!

I lauf no alli Dörfer us,
i such und frog vo Hus zu Hus,
und würd mer nit mi Hexli chund,
se würd i ebe nümme gsund.

onntagsfrühe

Der Samstig het zum Sunntig gseit:
«Iez hani alli schlofe gleit;
«sie sin vom Schaffe her und hi
«gar sölli müed und schlöfrig gsi,
«und 's goht mer schier gar selber so,
«i cha fast uf ke Bei meh stoh.»

So seit er, und wo's Zwölfi schlacht,
se sinkt er aben in d'Mitternacht.
Der Sunntig seit: «Iez ischs an mir!»
Gar still und heimli bschliesst er d'Thür.
Er düselet hinter de Sterne no
und cha chier gar nit obsi cho.

Doch endli ribt er d'Augen us,
er chunnt der Sunn an Thür und Hus;
sie schloft im stille Chämmerli;
er pöpperlet am Lädemli,
er rüeft der Sunne: «d'Zit isch do!»
Sie seit. «I chumm enanderno.» –

Und lisli uf de Zeche goht,
und heiter uf de Berge stoht
der Sunntig, und 's schloft alles no;
es sieht und hört en niemes goh;
er chunnt ins Dorf mit stillem Tritt,
und winkt im Guhl: «Verroth mi nit!»

Und wemmen endli au verwacht,
und gschlofe het die ganzi Nacht,
se stoht er do im Sunne-Schi'
und luegt eim zu de Fenstern i
mit sinen Auge mild und gut,
und mittem Meyen uffem Hut.

Drum meint ers treu, und was i sag,
es freut en, wemme schlofe mag
und meint, es seig no dunkel Nacht,
wenn d'Sunn am heitre Himmel lacht.
Drum isch er au so lisli cho,
drum stoht er au so liebli do.

Wie glizeret uf Gras und Laub
vom Morgethau der Silberstaub!
Wie weiht e frische Mayeluft,
voll Chriesi-Bluest und Schleche-Duft!
Und d'Immli sammle flink und frisch,
sie wüsse nit, ass 's Sunntig isch.

Wie pranget nit im Garte-Land
der Chriesi-Baum im Maye-Gwand.
Gel Veieli und Tulipa,
und Sterneblueme nebedra,
und gfüllti Zinkli blau und wiiss,
me meint, me lueg ins Paradies!

Und 's isch so still und heimli do,
men isch so rueihig und so froh!
Me hört im Dorf kei Hüst und Hott,
e Guete Tag! und *Dank der Gott!*
und *'s git gottlob e schöne Tag!*
isch alles, was me höre mag.

Und 's Vögeli seit: «Frili io!
«Potz tausig, io, er isch scho do:
«Er dringt mer scho im Himmels-Glast
«dur Bluest und Laub in Hurst und Nast!»
Und 's Distelzwigli vorne dra
het 's Sunntigs-Röckli au scho a.

Sie lüte weger 's Zeiche scho,
der Pfarer, schints, well zitli cho.
Gang, brech mer eis Aurikli ab,
verwüschet mer der Staub nit drab,
und Chüngeli, leg di weidli a,
de muesch derno ne Meje ha!

Auf einem Grabe

Schlof wohl, schlof wohl, im chüele Bett!
De ligsch zwor hert uf Sand und Chies;
doch spürts di müede Rucke nit.
   Schlof sanft und wohl!

Und 's Deckbett lit der, dick und schwer
in d'Höchi gschüttlet, uffem Herz.
Doch schlofsch im Friede, 's druckt di nit.
   Schlof sanft und wohl!

De schlofsch und hörsch mi Bhütdi Gott,
de hörsch mi sehnli Chlage nit.
Wärs besser, wenn de's höre chönntsch?
   Nei, weger nei!

O 's isch der wohl, es isch der wohl!
Und wenni numme by der wär,
se wär scho alles recht und gut.
   Mer toltenis.

De schlofsch und achtisch 's Unrueih nit
im Chilche-Thurn die langi Nacht,
und wenn der Wächter *Zwölfi* rüeft
   im stille Dorf.

Und wenns am schwarze Himmel blizt,
und Gwülch an Gwülch im Donner chracht,
se fahrt der 's Wetter über's Grab
   und weckt di nit.

Und was die früeih im Morgeroth
bis spot in d'Mittnacht bchümmert het,
Gottlob, es ficht di nümmen a
   im stille Grab.

Es isch der wohl, o 's isch der wohl!
Und alles, was de glitte hesch,
Gottlob und Dank, im chüele Grund
   thuts nümme weh.

Drum, wenni numme by der wär,
se wär io alles recht und gut;
iez sitzi do und weiss kei Trost
   mi'm tiefe Schmerz.

Doch öbbe bald, wenns Gottswill isch
se chunnt mi Samstig z'oben au,
und druf, se grabt der Nochber Chlaus
   mir au ne Bett.

Und wenni lig und nümme schnuuf,
und wenn sie's Schloflied gsunge hen,
se schüttle sie mer 's Deckbett uf,
   und – Bühtdi Gott!

I schlof derno so sanft wie du,
und hör im Chilch-Thurn 's Unrueih nit!
mer schlofe, bis am Sunntig früeih
   der Morge thaut.

Und wenn emol der Sunntig tagt,
und d'Engel singe 's Morgelied,
se stöhn mer mit enander uf,
   erquickt und gsund.

Und 's stoht e neui Chilche do,
hel funklet sie im Morgeroth.
Mer göhn, und singen am Altar
   's Hallelujah!

ie Vergänglichkeit

*Gespräch auf der Strasse nach Basel zwischen
Steinen und Brombach, in der Nacht*

Der Bub seit zum Ätti:

Fast allmol, Ätti, wenn mer's Röttler Schloss
so vor den Auge stoht, se denki dra,
öbs üsem Hus echt au emol so goht.
Stohts denn nit dört, so schuderig, wie der
   Tod
im Basler Todtetanz? Es gruset mer,
wie länger ass i 's bschau. Und üser Hus,
es sizt io wie ne Chilchli uffem Berg,
und d'Fenster glitzeren, es isch e Staat.
Schwetz Ätti, gohts em echterst au so no?
I mein emol, es chönn schier gar nit sy.

Der Ätti seit:

Du gute Burst, 's cha frili sy, was meinsch?
's chunnt alles iung und neu, und alles
   schlicht
im Alter zu, und alles nimmt en End,
und nüt stoht still. Hörsch nit, wie 's Wasser
   ruuscht,
und siehsch am Himmel obe Stern an Stern;
Me meint, vo alle rühr sie kein, und doch
ruckt alles witers, alles chunnt und goht.
Je, 's isch nit anderst, lueg mi a, wie d'witt.
De bisch no iung; närsch, ich bi au so gsi,
iezt würds mer anderst, 's Alter, 's Alter
   chunnt,
und woni gang, go Gresgen oder Wies,
in Feld und Wald, go Basel oder heim,
's isch einerley, i gang im Chilchhof zu, –
briegg alder nit! – und biss de bisch wien ich
e gstandene Ma, se bini nümme do,
und d'Schof und Geisse weide uf mi'm Grab.
Jo wegerli, und 's Hus wird alt und wüst;
der Rege wäscht der's alli Nacht,

und d'Sunne bleicht der's schwärzer alli Tag,
und im Vertäfer propperet der Wurm.
Es regnet no dur d'Bühne ab, es pfift
der Wind dur d'Chlimse. Drüber thuesch du
   au
no d'Auge zu; es chömme Chindes-Chind
und pletze dra. Z'lezt fuults im Fundement,
und 's hilft nüt me. Und wemme nootno gar
zweeytusig zehlt, isch alles z'semme g'keit.
Und endli sinkt 's ganz Dörfli in si Grab.
Wo d'Chilche stoht, wo's Vogts und 's Here-
   Hus
goht mit der Zit der Pflug. –

Der Bub seit:

Nei, was de seisch!

Der Ätti seit:

Je, 's isch nit anderst, lueg mi a, wie d'witt!
Isch Basel nit e schöni tolli Stadt?
's sin Hüser drinn, 's isch mengi Chilche nit
so gross, und Chilche, 's sin in mengem Dorf
nit so viel Hüser. 's isch e Volchspiel, 's
   wohnt
e Richthum drinn, und menge brave Her,
und menge, woni gchennt ha, lit scho lang,
im Chrütz-Gang hinterm Münster-Platz und
   schloft.
's isch eithue, Chind, es schlacht emol e
   Stund,
goht Basel au ins Grab, und streckt no do
und dört e Glied zum Boden us, e Joch,
en alte Thurn, e Giebel-Wand; es wachst
do Holder druf, do Büechli, Tanne dört,
und Moos und Farn, und Reiger sitze druf –
's isch schad derfür! – und sin bis dörthi
   d'Lüt

so närsch wie iez, se göhn au G'spenster um,
der Sulger, wo die arme Bettel-Lüt
vergelstert het, der Lippi Läppeli,
und was weis ich, wer meh. Was stossisch mi?

Der Bub seit:

Schwetz lisli Ätti, bis mer über d'Bruck
do sin, und do an Berg und Wald verbey!
Dört obe jagt e wilde Jäger, weisch?
Und lueg, do niden in de Hürste seig
gwiss 's Eyer-Meidli g'lege, halber ful,
's isch Johr und Tag. Hörsch, wie der Laubi
    schnuft?

Der Ätti seit:

Er het der Pfnüsel! Seig doch nit so närsch!
Hüst Laubi, Merz! – und loss die Todte go,
'sin Nare-Posse! – Je, was hani gseit?
Vo Basel, ass es au e mol verfallt. –
Und goht in langer Zit e Wanders-Ma
ne halbi Stund wit dra verbey,
se luegt er dure, lit ke Nebel druf,
und seit si'm Camerad, wo mittem goht:
«Lueg, dört isch Basel gstande! Selle Thurn
«isch d'Peters-Chilche gsi, 's isch schad
    derfür!»

Der Bub seit:

Nei Ätti, ischs der Ernst, es cha nit sy.

Der Ätti seit:

Je 's isch nit anderst, lueg mi a, wie d'witt,
Und mit der Zit verbrennt die ganzi Welt.

Es goht e Wächter us um Mitternacht,
e fremde Ma, me weiss nit, wer er isch,
er funklet, wie ne Stern, und rüeft:

«Wacht auf! Wacht auf, es kommt der Tag!»

Drob röthet si
der Himmel, und es dundert überal,
z'erst heimli, alsgmach lut, wie sellemol
wo Anno Sechsenünzgi der Franzos
so uding gschosse het. Der Bode schwankt,
ass d'Chilch-Thürn guge d'Glocke schlagen a,
und lüte selber Bet-Zit wit und breit,
und alles betet. Drüber chunnt der Tag;
o b'hütis Gott, me brucht ke Sunn derzu,
der Himmel stoht im Blitz, und d'Welt im
    Glast.
Druf gschieht no viel, i ha iez nit der Zit;
und endli zündets a, und brennt und brennt,
wo Boden isch, und niemes löscht; es glumst
zlezt selber ab. Wie meinsch, siehts us derno?

Der Bub seit:

O Ätti, sag mer nüt me! Zwor wie gohts
de Lüte denn, wenn alles brennt und brennt?

Der Ätti seit:

Närsch, d'Lüt sin nümme do, wenn's brennt,
    sie sin –
wo sin sie? Seig du frumm, und halt di wohl,
geb, wo de bisch, und bhalt di Gwisse rein!
Siehsch nit, wie d'Luft mit schöne Sterne
    prangt!
's isch iede Stern verglichlige ne Dorf,
und witer obe seig e schöni Stadt,
me sieht si nit vo do, und haltsch di gut,

se chunnsch in so ne Stern, und 's isch der
    wohl,
und findsch der Ätti dört, wenn 's Gottswill
    isch,
und 's Chüngi selig, d'Mutter. Öbbe fahrsch
au d'Milchstross uf in die verborgeni Stadt,
und wenn de sitwärts abe luegsch, was
    siehsch?
e *Röttler Schloss!* Der Belche stoht verchohlt
der Blauen au, as wie zwee alti Thürn,
und zwische drinn isch alles use brennt
bis tief in Bode abe. D'Wiese het
ke Wasser meh, 's isch alles öd und schwarz,
und todtestill, so wit me luegt – das siehsch,
und seisch di'm Cammerad, wo mitder goht:
«Lueg, dört isch *d'Erde* gsi, und selle Berg
«het Belche gheisse! Nit gar wit dervo
«isch Wisleth gsi, dört hani au scho glebt,
«und Stiere g'wettet, Holz go Basel g'führt,
«und brochet, Matte g'raust, und Liechtspöh'
    gmacht,
«und gvätterlet, biss an mi selig End,
und möcht iez nümme hi.» – *Hüst Laubi,*
    Merz!

Der Jenner

Im Ätti sezt der Öhldampf zu.
Mer chönnte 's Ämpeli use thue,
und d'Läden uf. Der Morge-Schi'
blickt scho zum runden Aastloch i. –
O lueget doch, wie chalt und roth
der Jenner uf de Berge stoht.

Er seit: «I bi ne *b'liebte* Ma,
«der Stern am Himmel lacht mi a!
«Er glizeret vor Lust und Freud,
«und muess er furt, sen ischs em Leid,
«er luegt mi a, und cha's nit lo,
«und würd byzite wieder cho.

«Und unter mer in Berg und Thal,
«wie flimmerets nit überal!
«An allen Ende Schnee und Schnee;
«'s isch alles mir zu Ehre gscheh,
«und woni gang im wite Feld,
«sin Strosse bahnt, und Brucke gstellt.»

Er seit: «I bi ne *frische* Ma,
«i ha ne luftig Tschöpli a,
«und rothi Backe bis ans Ohr,
«e heiter Aug und Duft im Hoor,
«ke Wintergfrist, ke Gliederweh,
«und woni gang, se chracht der Schnee.»

Er seit: «I bi ne *gschickte* Ma,
«lueg, wieni überzuckere cha!
«I chuuch, und a de Hürste hangts,
«und an de zarte Birche schwankts.
«Der Zuckerbeck mit gschickter Hand,
«mit Geld und Gut wärs nit im Stand.

«Iez lueg au dini Schiben a,
«und wieni Helgli chritzle cha!
«Do hesch e Blüemli, wenns der gfallt,
«do hesch e ganze Tannewald!
«Der Früehlig chönnts nit halber so,
«'s isch mit der Farb nit alles tho.»

Er seit: «I bi ne *starche* Ma,
«und zwing mi näumer, wenn er cha!
«Der Forster gstablet uf der Jacht,
«der Brunntrog springt, der Eichbaum
    chracht.
«D'Frau Sunne mit em Gsichtli rund,
«het 's Herz nit, ass sie füre chunnt.» –

's isch wohr, me weiss nit, was sie tribt,
und wo sie alli Morge blibt.
Wie länger Nacht, wie spöter Tag,
wie besser, ass sie schlofe mag,
und blieb es bis zum Zehni Nacht,
se chäm sie erst, wenns Ölfi schlacht.

Nei het sie's ghört? Dört chunnt sie io!
Me meint, 's brenn alles liechterloh! –
Sie stoht im chalte Morgeluft,
sie schwimmt im rothe Nebelduft.
Zeig, chuuch e wenig d'Schiben a
's isch, ass me besser luege cha!

Der Nebel woget uf und ab,
und d'Sunne chämpft, sie losst nit ab. –
Iez het si's gunne. Wit und breit
Strahlt ihri Pracht und Herlichkeit.
O lueg, wie's über d'Dächer wahlt,
am Chilche-Fenster, lueg, wie 's strahlt.

Der Jenner sezt si Arm in d'Huft,
er rukt am Hut, und schnellt in d'Luft.
Der Jenner seit: «I förch di nit.
«Chumm, wenn de mit mer baschge witt!
«Was gilts, de würsch byzite goh,
«und rüehmsch dim Büeble nüt dervo!»

Je, 's wär wohl hübsch und liebli so
im warme Stübli gfallts eim scho.
Doch mengi Frau, dass Gott erbarm,
sie nimmt ihr nackig Chind in d'Arm,
sie het em nüt um d'Gliedli z'thue,
und wicklet's mittem Fürtuech zu.

Sie het kei Holz, und het kei Brod,
sie sizt und chlagts im libe Gott.
Gfriert Stei und Bei, wohl thaut der Schmerz
no Thränen uf im Muetterherz.
Der Jenner ist e *ruuche* Ma,
er nimmt si nüt um d'Armeth a.

Gang bring der arme Fischer-Lis'
e Säckli Mehl, e Hemdli wiss,
nimm au ne Wellen oder zwo
und sag, sie söll au zuenis cho,
und Weihe hole, wenni bach
und decket iez der Tisch alsgmach.

er Sommerabend

O, lueg doch, wie isch d'Sunn so müed,
lueg, wie sie d'Heimeth abezieht!
O lueg, wie Stral um Stral verglimmt,
und wie sie s' Fazenetli nimmt,
e Wülkli, blau und roth vermüscht,
und wie sie an der Stirne wüscht.

's isch wohr, sie het au übel Zit,
im Summer gar, der Weg isch wit,
und z'schaffe findt sie überal
in Hus und Feld, in Berg und Thal;
's will alles Liecht und Wärmi ha,
und spricht sie um e Segen a.

Meng Blümli het sie usstaffiert,
und mit scharmante Farbe ziert,
und mengem Immli z'trinke ge,
und gfrogt: Hesch gnug und witt no meh?
und 's Chäferli het hinte no
doch au si Tröpfli übercho.

Meng Some-Chöpfli het sie gsprengt,
und 's zitig Sömli use g'lengt.
Hen d'Vögel nit bis z'allerlezt
e Bettles gha und d'Schnäbel g'wezt?
Und kein goht hungerig ins Bett,
wo nit si Theil im Chröpfli het.

Und wo am Baum e Chriesi lacht,
se het sie'm rothi Bäckli gmacht;
und wo im Feld en Ähri schwankt,
und wo am Pfohl e Rebe rankt,
se het sie eben abe glengt,
und het's mit Laub und Bluest umhengt.

Und uf der Bleichi het sie gschaft
hütie und ie us aller Chraft;
der Bleicher het sie selber gfreut,
doch hätt' er nit: Vergelts Gott! gseit,
und het e Frau ne Wöschli gha,
se het sie trochnet druf und dra.

's isch weger wohr, und überal
wo d'Sägesen im ganze Thal
dur Gras und Halme gangen isch,
se het sie g'heuet froh und frisch.
Es isch e Sach, by miner Treu,
am Morge Gras und z'obe Heu!

Drum isch sie iez so sölli müed,
und brucht zum Schlof kei Obe-Lied;
kei Wunder, wenn sie schnuft und schwizt,
lueg, wie sie dört uf's Bergli sizt!
Iez lächelt sie zum lezte mol,
iez seit sie: Schlofet alli wohl!

Und d'unten isch sie! B'hüt di Gott!
Der Guhl, wo uffem Chilch-Thurn stoht,
het nonig gnug, er bschaut sie no.
Du Wundervitz, was gaffsch denn so?
Was gilts, sie thut der bald derfür,
und zieht e rothen Umhang für.

Sie duuret ein, di guti Frau,
sie het ihr redli Hus-Chrütz au.
Sie lebt gwiß mittem Ma nit gut,
und chunnt sie heim, nimmt er si Hut,
und was i sag, iez chunnt er bald,
dört sitzt er scho im Fohre-Wald.

Er macht so lang, was tribt er echt?
me meint schier gar, er trau nit recht.
Chumm numme, sie isch nümme do,
's wird alles sy, se schloft sie scho.
Iez stoht er uf, er luegt ins Thal,
und 's Möhnli grüeßt en überal.

Denkwohl, mer göhn iez au ins Bett,
und wer kei Dorn im Gwisse het,
der brucht zum Schlofen au kei Lied;
me wird vom Schaffe selber müed;
und öbbe hemmer Schöchli gmacht,
drum gebis Gott e guti Nacht!

Der Knabe im Erdbeerschlag

E Büebli lauft, es goht in Wald
am Sunntig nomittag;
es chunnt in d'Hürst und findet bald
Erdberi Schlag an Schlag;
es günnt und isst si halber z'tod,
und denkt: «Das isch mi Obebrod.»

Und wie nes isst, se ruuschts im Laub;
es chunnt e schöne Chnab.
Er het e Rock, wie Silberstaub,
und treit e goldige Stab;
er glänzt wie d'Sunn am Schwizer-Schnee;
si lebelang hets nüt so gseh.

Druf redt der Chnab mi Büebli a:
«Was issisch, i halts mit?» –
«He, nüt», seits Büebli, luegt en a,
und lüpft si Chäppli nit.
Druf seit der Chnab: «He, issisch nüt,
«Du grobe Burst, se battet's nüt!»

Verschwunden isch mi Chnab, unds stöhn
die nöchste Hürst im Duft;
drus fliegt en Engeli wunderschön
uf in die blaue Luft,
und 's Büebli stoht, und luegt em no,
und chrazt im Hoor, und lauft dervo.

Und sieder isch kei Sege meh
im Beeri-Esse gsi.
I ha mi lebtig nüt so gseh,
sie bschiessen ebe nie.
Iss hampflevoll, so viel de witt,
sie stille der der Hunger nit!

Was gibi der für Lehre dri?
Was seisch derzu? Me muess
vor fremde Lüte fründli si
mit Wort und Red und Gruess,
und 's Chäppli lüpfe z'rechter Zit,
sust het me Schimpf und chunnt nit wit.

Die Spinne

Nei, lueget doch das Spinnli a,
wie 's zarti Fäde zwirne cha!
Bas Gvatter meinsch, chasch 's au ne so?
De wirsch mers, traui, blibe lo.
Es machts so subtil und so nett,
i wott nit, assi 's z'hasple hätt.

Wo het 's die fini Riste g'no
by wellem Meister hechle lo?
Meinsch, wemme 's wüsst, wol mengi Frau
sie wär so gscheit, und holti au!
Iez lueg mer, wie 's si Füessli sezt
und spinne will, und d'Finger nezt.

Es zieht e lange Faden us,
es spinnt e Bruck ans Nochbers Hus,
es baut e Landstross in der Luft,
morn hangt sie scho voll Morgeduft,
es baut e Fussweg nebe dra,
's isch, ass es ehne dure cha.

Es spinnt und wandlet uf und ab,
Potz tausig, im Gallop und Trap! –
Iez gohts ring um, was hesch, was gisch!
Siehsch, wie ne Ringli worden isch!
Iez schiesst es zarte Fäden i.
Wirds öbbe solle gwobe sy?

Es isch verstuunt, es haltet still,
es weiss nit recht, wo 's ane will.
's goht weger z'ruck, i sieh 's em a;
's muss näumis rechts vergesse ha.
«Zwor, denkt es, sel pressirt io nit,
i halt mi nummen uf dermit.»

Es spinnt und webt, und het kei Rast
so gliichlig, me verluegt si fast.
Und 's Pfarers Christoph het no gseit,
's seig iede Fade zseme gleit.
Es muess ein guti Auge ha,
wers zehlen und erchenne cha.

Iez puzt es sine Händli ab,
es stoht, und haut der Faden ab.
Jez sizt es in si Summer-Hus
und luegt die lange Strossen us.
Es seit: «Me baut si halber z'tod,
doch freuts ein au, wenns Hüsli stoht.»

In freie Lüfte wogt und schwankts,
und an der liebe Sunne hangts;
sie schint em frey dur d'Beinli dur,
und 's isch em wohl. In Feld und Flur
sieht's Mückli tanze, iung und feiss;
's denkt by nem selber: «Hätti eis!»

O Thierli, wie hesch mi verzückt!
Wie bisch so chlei, und doch so gschickt!
Wer het di au die Sache glehrt?
Denkwol der, wonis alli nährt,
mit milde Händen alle git.
Bis zfrieden! Er vergisst di nit.

Do chunnt e Fliege, nei wie dumm!
Sie rennt em schier gar 's Hüsli um.
Sie schreit und winslet Weh und Ach!
Du arme Chetzer hesch di Sach!
Hesch keini Auge by der g'ha?
Was göhn di üsi Sachen a?

Lueg, 's Spinnli merkts enanderno,
Es zuckt und springt und het sie scho.
Es denkt: «I ha viel Arbet g'ha,
«iez mussi au ne Brotis ha!»
I sags io, der wo alle git,
wenn's Zit isch, er vergisst ein nit.

Der Wegweiser

Guter Rath zum Abschied

Weisch, wo der Weg zum Mehlfass isch,
zum volle Fass? Im Morgeroth
mit Pflug und Charst dur's Weizefeld,
bis Stern und Stern am Himmel stoht.

Me hackt, so lang der Tag eim hilft,
me luegt nit um, und blibt nit stoh,
z'lezt goht der Weg dur's Schüre-Tenn
in d'Chuchchi und do hemmers io!

Weisch, wo der Weg zum Gulden isch?
Er goht der rothe Chrützer no,
und wer nit uffe Chrützer luegt,
der wird zum Gulde schwerli cho.

Wo isch der Weg zur Sunntig-Freud?
Gang ohni Gfohr im Werchtig no
dur d'Werkstatt und dur's Ackerfeld!
der Sunntig wird scho selber cho.

Am Samstig isch er nit gar wit.
Was deckt er echt im Chörbli zu?
Denkwol e Pfündli Fleisch ins Gmües,
's cha sy, ne Schöpli Wi derzu.

Weisch, wo der Weg in d'Armeth goht?
Lueg numme, wo Tafere sin!
Gang nit verbey, 's isch gute Wi,
's sin nagelneui Charte d'inn!

Im letste Wirthshus hangt e Sack,
und wenn de furt gohsch, henk en a!
«Du alte Lump, wie stoht der nit
«der Bettelsack so zierlig a!»

Es isch e hölzene Becher drinn,
gib achtig druf, verliehr en nit!
Und wenn de an e Wässerli chunnsch
und trinke magsch, se schöpf dermit!

Wo isch der Weg zu Fried und Ehr,
der Weg zum guten Alter echt?
Grad fürsi gohts in Mässigkeit
mit stillem Sinn in Pflicht und Recht.

Und wenn de amme Chrützweg stohsch,
und nümme weisch, wo 's ane goht,
halt still, und frog di Gwisse z'erst,
's cha dütsch, Gottlob, und folg si'm Roth.

Wo mag der Weg zum Chilchhof sy?
Was frogsch no lang? Gang, wo de witt!
Zum stille Grab im chüele Grund
führt iede Weg, und 's fehlt si nit.

Doch wandle du in Gottis Furcht,
i roth der, was i rothe cha!
Sel Plätzli het e gheimi Thür,
und 's sin no Sachen ehne dra.

er Schwarzwälder im Breisgau

Z'Müllen an der Post,
Tausigsappermost!
Trinkt me nit e gute Wi!
Goht er nit wie Baumöl i,
   z'Müllen an der Post!

Z'Bürglen uf der Höh,
nei, was cha me seh!
O, wie wechsle Berg und Thal,
Land und Wasser überal,
   z'Bürglen uf der Höh!

Z'Staufen uffem Märt
hen sie, was me gert,
Tanz und Wi und Lustberkeit,
was eim numme 's Herz erfreut,
   z'Staufen uffem Märt!

Z'Friburg in der Stadt
sufer ischs und glatt,
richi Here, Geld und Guet,
Jumpfere wie Milch und Bluet,
   z'Friburg in der Stadt.

Woni gang und stand,
wärs e lustig Land.
Aber zeig mer, was de witt,
numme näumis findi nit,
   in dem schöne Land.

Minen Augen gfallt
Herischried im Wald.
Woni gang, se denki dra,
's chunnt mer nit uf d'Gegnig a,
   z'Herischried im Wald.

Imme chleine Huus
wandelt i und us –
gelt, de meinsch, i sagder, wer?
's isch e *Sie,* es isch kei *Er,*
   imme kleine Huus.

as Liedlein vom Kirschbaum

Der Liebgott het zum Früehlig gseit:
«Gang, deck im Würmli au si Tisch!»
Druf het der Chriesbaum Blätter treit,
viel tausig Blätter grüen und frisch.

Und 's Würmli usem Ei verwacht's,
's het gschlofen in sim Winterhuus,
es streckt si, und sperrt 's Müüli uf,
und ribt die blöden Augen us.

Und druf se het's mit stillem Zahn,
am Blättli gnagt enanderno
und gseit: «Wie ist das Gmües so gut!
Mer chunnt schier nimme weg dervo.»

Und wieder het der Liebgott gseit:
«Deck jez im Immli au si Tisch!»
Druf het der Chriesbaum Blüete treit,
viel tausig Blüete wiiss und frisch.

Und 's Immli sieht's und fliegt druf los
früeih in der Sunne Morgeschin.
Es denkt: «Das wird mi Kaffi si,
sie hend doch chosper Porzelin!»

Wie sufer sin die Chächeli gschwenkt!
Es streckt si troche Züngli dri,
es trinkt und seit: «Wie schmeckts so süess!
Do muess der Zucker wohlfel si.»

Der Liebgott het zum Summer gseit:
«Gang, deck im Spätzli au si Tisch!»
Druf het der Chriesbaum Früchte treit,
viel tausig Chriesi rot und frisch.

Und 's Spätzli seit: «Isch das der Bricht?
Do sitzt me zue und frogt nit lang.
Das git mer Chraft in Mark und Bei,
und stärkt mer d'Stimm zum neue Gsang.»

Der Liebgott het zum Spötlig gseit:
«Ruum ab, sie hen jez alli g'ha!»
Druf het e chüele Bergluft gweiht
und 's het scho chleini Riife g'ha.

Und d'Blättli werde gel und rot,
und fallen eis em andre no;
und was vom Bode obsi chunnt,
muss au zum Bode nidsi goh.

Der Liebgott het zum Winter gseit:
«Deck weidli zue, was übrig isch!»
Druf het der Winter Flocke gstreut.

er Sperling am Fenster

Zeig, Chind! Wie het sel Spätzli gseit?
Weisch's nümme recht? Was luegsch mi a? –
«'s het gseit: I bi der Vogt im Dorf,
«i muess vo allem d'Vorles ha.»

Und wo der Spötlig seit: 's isch gnueg!
Was tuet mi Spatz, wo d'Vorles het? –
«Er list am Bode d'Brösli uf,
«süst müesst er hungerig in's Bett.»

Und wo der Winter d'Felder deckt,
was tuet mi Spatz in siner Not? –
«Er pöpperlet am Fenster a,
«und bettlet um e Stückli Brot.

«Gang, gib em, Muetter! 's friert en süst.»
Zeig, sag mer z'erst, 's pressiert nit so,
wie chunnts der mit dem Spätzli vor?
Meinsch nit, es chönnt eim au so goh?

Chind, wird's der wohl und 's goht der guet,
sag nit: i bi ne riche Her
und iss mi Brotis alli Tag!
's chönnt anderst werde, handumcher.

Iss nit de chrosplig Ranft vom Brot,
und loss die weiche Brosme stoh!
– De heschs im Bruuch – es chunnt e Zit,
und wenn de's hättsch, wie wärsch so froh!

Ne blaue Mäntig währt nit lang,
und d'Wuche het no mengi Stund,
und mengi Wuche lauft dur's Dorf,
bis Jedem au si letschti chunnt.

Und was men in si'm Früehlig lehrt,
me treit nit schwer, und hets emol,
und was men in si'm Summer spart,
das chunnt eim in si'm Spötlig wohl.

Chind, denk mer dra, und halt di guet!
«O Muetter lueg! der Spatz will go!»
Se gang er! Leng die Hirse dört,
und sträu' em! Er wird wieder cho!

er allezeit vergnügte Tabakraucher

Im Frühling

's Bäumli blüeiht, und 's Brünnli springt.
Potz tausig los, wie 's Vögeli singt!
Me het si Freud und frohe Muet,
und 's Pfifli, nei, wie schmeckts so guet!

Im Sommer

Volli Ähri, wo me goht,
Bäum voll Äpfel, wo me stoht!
Und es isch e Hitz und Gluet.
Eineweg schmeckt 's Pfifli guet.

Im Herbst

Chönnt denn d'Welt no besser si?
Mit si'm Trübel, mit si'm Wi
stärkt der Herbst mit lustig Bluet,
und mi Pfifli schmeckt so guet.

Im Winter

Winterszit, schöni Zit!
Schnee uf alle Berge lit,
uffem Dach und uffem Huet.
Justement schmeckt 's Pfifli guet.

ie glückliche Frau

Erhalt mer Gott mi Fridli!
Wer het, wer het e brävere Ma,
und meld si eini, wenn sie cha!
Er sitzt so gern bi siner Frau,
und was mi freut, das freut en au;
Und was er seit, und was er tuet,
es isch so lieblig und so guet.
Wie sieht er nit so gattig us
in sine Locke schwarz und chrus,
mit sine Backe rot und gsund,
und mit de Gliedere stark und rund!
Und wenn mi näumis plogt und druckt,
und wenn e Weh im Herze zuckt,
und denk i wieder an mi Ma,
wie lacht mi wieder der Himmel a!
Erhalt mer Gott mi Fridli!

Erhalt mer Gott mit Güetli!
I ha ne Garte hinterem Hus,
und was i bruch, das holi drus;
am Feld in feister Fure schwankt
der Halm, an warme Berge hangt
der Trübel, und im chleine Hof
regiere Hüehner, Gäns und Schof.
Was bruchi und was hani nit?
Frog was de weisch, lueg wo de witt!
Und wemme meint, 's well Mangel cho,
isch Gottes Sege vorem do;
und wenn der Fridli müed und still
vom Acker chunnt und z'Obe will,
se stoht mit Chümmich, rein und frisch,
e guete Ziger uffem Tisch.
Im grüene Chrüsli stoht de Wi,
i lueg en an, und schenk em i;
druf trinkt er und es schmeckt em guet;
und füllt em 's Herz mit Chraft und Mueth.
Erhalt mer Gott mi Güetli!

Erhalt mer Gott mi Stübli!
Es isch so heiter und so nett,
as wenn's en Engel zimmert het,
und putzt, ass wenn's e Chilchli wär,
und wo me luegt, ischs niene leer.
Jo weger, und wenn's blitzt und chracht,
und wie mit Chüblen abe macht,
wenn usem Nebel füecht und chalt,
der Riesel an de Fenstere prallt,
und wenn no Wienecht chalt und rot
der Jenner uf de Berge stoht,
und duftig an de Bäume hengt,
und Brucken übers Wasser sprengt,
und wenn der Sturmwind tobt und brüllt,
und 's Dolder ab den Eichen trüllt:
Isch's Stübli bheb, und warm und still,
turniert der Sturm, so lang er will.
Erhalt mer Gott mi Stübli!

Doch will mer Gott mi *Fridli* neh,
und chani nit, und muess en ge,
sollsch Chilchhof du mi *Güetli* si,
und bauet mer e *Stübli* dri.
Erhalt mer Gott mi Fridli!

Trost

Bald denk i: 's isch e bösi Zit,
und weger, 's End' isch nümme wit;
bald denk i wieder: loss es goh,
wenn's gnueg isch, wird's scho anderst cho.
Doch wenn i näumen anegang
und 's tönt mer Lied und Vogelsang,
se mein i fast, i hör e Stimm:
Bis zfriede! 's isch jo nit so schlimm!

rinnerung an Basel

an Frau Meville

Z'Basel an mim Rhi
Jo dört möchti sy!
Weiht nit d'Luft so mild und lau,
und der Himmel isch so blau
　　an mim liebe Rhi!

In der Münsterschuel
uf mim herte Stuel,
mag i zwor jez nüt meh ha,
d'Töpli stöhn mer nümmen a
　　In der Basler Schuel.

Aber uf der Pfalz
alle Lüte gfallt's
o wie wechsle Berg und Tal
Land und Wasser überal
　　vor der Basler Pfalz!

Uf der breite Bruck
fürsi hi und z'ruck,
nei, was sieht me Here stoh,
nei, was sieht me Jumpfere goh,
　　uf der Basler Bruck!

Eis isch nümme do,
wo isch's ane cho?
's Scholers Nase, weie weh,
git der Bruck kei Schatte meh
　　wo bisch ane cho?

Wie ne freie Spatz
uffem Peters-Platz,
flieg i um, und 's wird mer wohl,
wie im Buebe-Kamisol
　　uffem Peters-Platz!

Uf der grüene Schanz,
in der Sunne Glanz,
woni Sinn und Auge ha,
lacht's mi nit so lieblig a
　　bis go Sante Hans.

's Seilers Rädli springt;
los, der Vogel singt,
Summervögeli jung und froh
ziehn de blaue Blueme no
　　alles singt und springt!

Und e bravi Frau
wohnt dört ussen au.
«Gunnich Gott e frohe Mueth!
Nehmich Gott in treui Huet,
　　liebi Basler Frau!»

orterklärungen

Ätti, Vater. Altdeutsch: *Atta*.
Alder, oder (auf dem Wald). Sch. Alt, Alder, Alt.
Ane, hin. *Woane?* Wohin?
Anke, frische Butter. Altdeutsch: *Anka*.

Bah, 1) Bahn, 2) Bann, Gemarkung.
Baschge, verb. neut., im Ringen die Kräfte
   gegeneinander messen, act., bezwingen.
Basseltang, Kurzweil. Passe le temps.
Batte, nützen, fruchten. Verwandt mit *bass, besser*.
Belche, subst. propr., hoher Berg des
   Schwarwaldgebirges im Breisgau. Sch. Belch,
   Boelchen, cacumina montium.
Bluest, Blüte. *Bi'm Bluest:* Eine missstellte
   Beteuerungsformel, dann ein Ausdruck
   der Verwunderung, besonders bei unangenehmen
   Überraschungen.
Bosget, Bosheit; auch im unschuldigeren Sinn:
   Mutwille.
Briegge, weinen.
Busper, munter, besonders von Vögeln. Etwa soviel als
   buschbar, wenn die Hecken buschig werden und die
   Vögel nisten?

Cheri, Reihe, Ordnung dessen, was regelmässig
   wiederkommt. Daher: *Die Cheri*, diesmal, *en anderi
   Cheri*, ein andermal. Von kehren.
Chlimse, Spalte. Verwandt mit *Klemm, Klemmen*.
Chriesi, kleine Waldkirschen, *Chirsi*, grosse, veredelte.
Chrome, 1) einkaufen, 2) zum Geschenk vom Markt
   usw. bringen.
Chruse, Krug mit Bauch und weiter Öffnung. *Chrüsli*,
   deminut.
Chüngi, Kunigunda.
Chuuche, hauchen.

Dunders, verstärkt in der Zusammensetzung mit
   einigen Adverbien. *Dundersnett*, überaus nett.
Durane, überall. Aus *Dur*, durch, und *Ane*, hin.
Düsele, schlummern, halbschlafend gehen. Deminut.
   von *Dosen*.
Duure, verb. impers., bedauern. Es *duurt mi*, ich
   bedaure es.

Ehne, jenseits, drüben.
Eitue, einerlei, gleichviel. Ein Tun.

Fazenetli, Sacktuch. Aus dem Italienischen Fazoletto.
Fegge, Flügel.

Füre, hervor. Verschieden von *Füre, Füren*, für ihn,
   den, einen.
Fürtuech, Schürze.

Gattig, wohlgebildet, gefällig. Von der Stammsilbe *Gatt*
   in Gattung, wie *Artig* von Art.
Gäutsche, schwanken, von flüssigen Dingen. Daher
   Vergäutsche. 1) act., durch Schwanken ausgiessen,
   2) neutr., durch Schwanken ausfliessen.
Gitzi, junge Ziege. *Gitzeli*, deminut.
Glast, Glanz, besonders Schein von Blitz und Feuer.
Gliichlig, durchgehends gleich.
Glitzere, schimmern. Von *Glitzen*, glänzen, verwandt
   mit *Gleissen* usw. Davon: *Glitzerig*, schimmernd.
Glumse, heimlich (in der Asche) brennen. Daher:
   Abglumse, nach und nach erlöschen.
G'stable, gestabeln, steif werden, besonders von Kälte.
   Stabiliri.
Guhl, Hahn. Gallus.
Gvätterle, verb., das Spielen der Kinder, wenn sie
   Verrichtungen der Erwachsenen nachahmen.

Handumcher, so geschwind als man eine Hand
   umkehrt.
Helse, glückwünschen. Daher etwas zum Gruss,
   Neujahr usw. schenken. Von *Heil*. Altdeutsch:
   Heilizen, grüssen, *Heilizunga*, dänisch *Helse*,
   schwedisch *Helsa*.
Hurst, Strauch. *D'Hürst*, pl., das Gebüsch, Dickicht,
   angels. Hurst und Hyrst.

Hüst und *Hott*, Links und rechts! Zuruf an Zugpferde.
   Daher *Hotten*, vonstatten gehen.

Imme, 1) fem., die Biene, 2) masc., collect., der
   Bienenstock. Jd. Verschieden von *imme*, einem, in
   einem, *Immli*, deminut.
Immis, auch *Zimmis*, das Mittagessen (Basel).

Laubi, einer von den Namen, die der Landmann den
   Zugochsen gibt. *Horni, Merz, Laubi, Lusti*, von den
   vier zum Teil nicht mehr gebräuchlichsten Namen
   der Frühjahrsmonate, Hornung, Merz, Laubmonat
   (April), Lustmonat (Mai).
Lenge, 1) bis wohin reichen. Daher 2) nach etwas
   greifen, holen. 3) Zureichen, genug sein. Von *lange*
   und noch übrig in be-, *verlangen* usw.
Letsch, Schlinge, Schlaufe aus dem Überschuss von
   Band an Kleidern usw. Ital. laccio. *Letschli*, deminut.

Lose, horchen, Stammwort zu *Losung, Lauschen* usw.
  Sch. Jd.
Luege, schauen, *Verluege*, recipr., sich über dem
  Zuschauen vergessen.

Meie, Blumenstrauss.
Mose, Flecke. Verwandt mit *Maser, Möseli*, deminut.
Mummeli, Name, des Rindes in der Kindersprache und
  beim Locken.

Näumer, jemand; *Näumis*, etwas; *Näume*, irgendwo.
  Aus einer unbekannten Vorsilbe und den Wörtern
  wer, was, wo.
  Sch. Niesswar, was wo.
Necht, adv., in der ersten Hälfte der vorigen Nacht.
Niede, unten.
Numme, nur.

Öbber, jemand; *Öbbis*, etwas; *Öbbe*, etwa. In alten
  Schriften *Etwer, Etber, Etbes.* Sch.

Pappe, Brei.
Pfnüsel, Schnupfen.
Poppere, schnell und schwach klopfen. *Pöpperle*,
  deminut.
Preste, subst., Gebrechen. Vom verb., *Presten*, fehlen.
  Par. Uns *prist* nit an Geschicklichkeit.

Rümmechrüsliger, eine Art Winteräpfel.

Sägese, Sense. Altd.: *Sagis, Sagisen.* Aus eine alten
  Stammsilbe, die noch in *Sech, Säge, Sichel*, seco
  übrig ist, und aus *Eisen* zusammengesetzt.
Scheie, Pallisade um die Gärten.
Schellewerche, öffentliche Arbeit strafweise verrichten.
Schöchli, kleine Heuhaufen auf den Wiesen. Dem. von
  Schoch, Haufe. Daher *Schöchle*, verb., das *Heu* in
  solche zusammenbringen.
Sieder, praep., seit; adv; unterdessen. *Siederie*, seither.
Sölli, sehr.
Spötlig, Spätling, Spätjahr. Das Gegenwort zu Frühling.

Tafere, Wirtshausschild. Taberna Sch. Tafern.
Tole, vertragen, dulden. Das Stammwort zu diesem.
  Mer tolten is, wir duldeten uns. Got. *Thulan*, ang.
  Tholian, dän. *Taale*, isl. *Dol*, schw. *Tola*, gr. Ταλαω,
  lat. tolero-tuli.

Tschope, Kamisol mit Ärmeln. *Tschöpli*, deminut. Aus
  dem Italienischen: giubba.

Unrueih, Perpendikel an der Uhr. Unruhe.

Verglichlige, adv., vergleichungsweise.
Verstunne, irre werden.
Visperle, v. act., kleines Geräusch machen; neutr., mit
  solchem sich fortbewegen.

Wagle, Wiege.
Weger, wegerli, wahrlich. Eigentlich Komparativ von
  wabe, schön, gut. Par. «Hätten sie gesprochen, es
  wäre *wäger*, man liesse einen Menschen Schaden
  leiden mit Haltung des Sabbathstages.» Sch. Jd.
  Wäger, wahrlich, besser.
Weidli, hurtig, Sch. Jd.
Weihe, Speckkuchen.
Welle, subst., *Bündel* von Reis, Stroh usw. Sch.
Werchtig, Werktag.
Wied, gedrehte Weide zum Binden. Altd.: *Bei der Wide*,
  beim Strang.
Wunderfiz, 1) Neugierde, 2) ein Mensch, der alles zu
  wissen verlangt.

Zinkli, Hyazinthen.
Zistig, Dienstag, Sch.

Inhaltsverzeichnis